Lúcia Helena Galvão

KYBALIÓN
El Viaje de la Vida

Los Siete Principios Herméticos Para Niños

Con la colaboración de
Regina Lúcia Barros Leal da Silveira

HANOI
EDITORA
Rio de Janeiro

Adaptación de texto
Lúcia Helena Galvão e Natani Lepre Franco

Colaboración
Regina Lúcia Barros Leal da Silveira

Traducción para el español
Carmen Romero

Revisión
Gabriela Coiradas

Ilustraciones y Carátula
Elaine Ladeira

Diagramación
Thiago B. Valoni

Coordinación editorial
Auriel de Almeida e Thais Boulanger

Agradecimientos
Isabella Arruda – Asesora de Comunicación de la Prof. Lúcia Helena Galvão
Kelly Aguiar – Coordinadora de Imagen y Publicidad de Nueva Acrópolis

Poema citado en el capítulo 7
Música "Aquarela" – Compuesta por Vinicius De Moraes, Toquinho, Guido Morra y Maurizio Fabrizio

ISBN 978-85-54823-72-6

Copyright © de esta edición, Hanoi Editora, 2023

HANOI EDITORA
www.hanoieditora.com.br
contato@hanoieditora.com.br

— Hola, soy **Hermes Trismegisto** y decidí contar mi historia sobre cómo mi vida fue diferente. Te invito a hacer un viaje conmigo. Agarra tu mochila y vamos a embarcarnos en esta aventura fantástica. Guarda bien tus cosas y anota todo lo que veas, oigas y encuentres. Es fascinante. ¡Te va a gustar!

— ¡Qué bien! ¿Vamos a viajar? — pregunta Elías.

— Yo escribí un libro que se llama EL KYBALIÓN, es un libro guía. Él tiene un montón de consejos para que hagas un viaje super interesante. Al leer este libro, sabrás qué puedes aprovechar y cuál es la mejor forma de vivir una experiencia única, de evitar cosas peligrosas, lugares y situaciones desagradables. Son consejos para colocar en la mochila para un viaje más largo, para toda tu vida.

— ¿Pero cómo así? ¿El libro estará en mi mochila? ¿Es una guía de viajes?

— ¡Vamos a recorrer el tiempo! Estoy seguro que nuestro viaje será bien aprovechado si estamos preparados para los acontecimientos. Muchos de ellos serán poco comunes. Hasta incluso extraños, cosas peligrosas y complicadas van a surgir en el camino. Pero, como estás conmigo, tu viaje será tranquilo, llegarás a tu destino sin lastimarte, sin caer en un hoyo muy profundo, logrando enfrentar los problemas con sabiduría, convirtiéndose en un viaje inolvidable.

— Siendo así, ¡vamos a viajar juntos! Confío en ti.

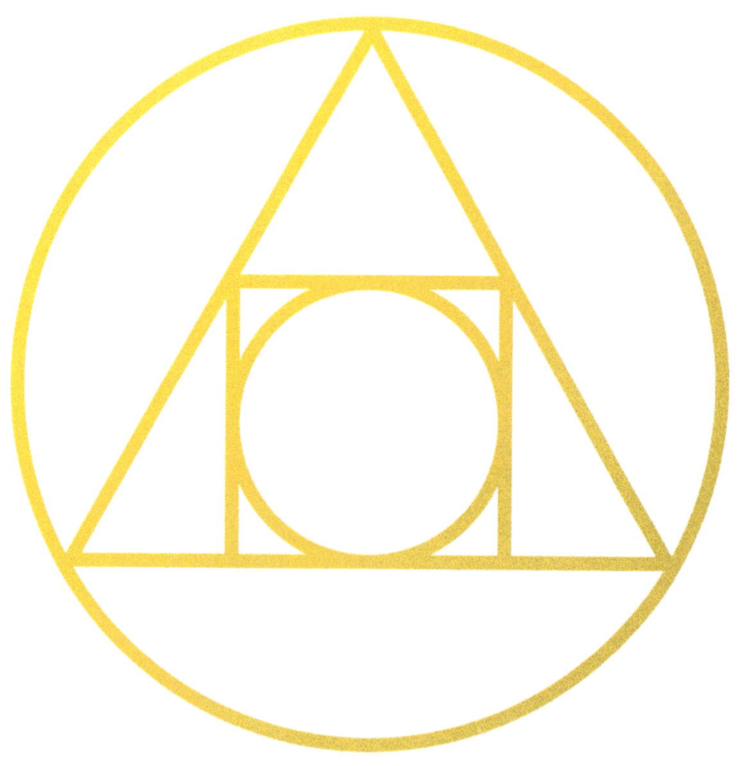

EL KYBALIÓN

— Para entender esta historia, necesitas saber que EL KYBALIÓN fue escrito por mí y que me consideran un sabio.

— De acuerdo. ¿Y qué es un sabio?

— Dicen que cuando una persona estudia mucho y lee diversos libros (muchísimos) ella es sabia. ¿Pero será así realmente? ¿Tú qué crees?

— Yo creo que es necesario comprender muchos hechos. ¿Vamos a hablar sobre eso?

— Sí. Quien leyó un montón de libros y continua siendo el mismo individuo, porque no vivió nada de aquello, no puede ser considerado un sabio. Voy a darte un ejemplo de lo que es necesario para ser un sabio de verdad. Imagina un muchacho dando una clase excelente sobre el miedo. Él ya leyó todo libro que trata sobre el asunto y habla como nadie de lo que es el miedo y cómo actuar en esos casos. Sin embargo, cuando aparece frente a él un simpático ratoncito, él es el primero en subir sobre la mesa. Se muere de miedo de los ratones. ¿Pero él no leyó diversos libros que hablan del miedo? Sí, claro que

leyó, sólo que continúa sintiendo miedo. Los libros no lo hicieron más valiente, no lo ayudaron a tener menos miedo de los ratoncitos, mucho menos a tener control sobre el miedo. ¿Será que, aunque haya leído tantos libros, él es un sabio?

— No sé bien, ¡pero creo que no! Dime lo que piensas. Esta conversación tan rara me ha interesado. ¡Hace tiempo que no escucho algo tan curioso!

— ¿O será que sabia es aquella persona que cuando aparece un peligro, puede hasta tener miedo, pero consigue lidiar con él? Entonces, si el muchacho fuera sabio, él controlaría su miedo, intentaría la mejor forma de espantar al ratón. Como él permanece calmado, las personas naturalmente, aunque sea una situación tensa, se sentirían más seguras con su actitud. ¿Qué haría él? Juntaría todas las informaciones que leyó sobre el asunto, todo lo que estudió y crearía una respuesta inteligente para solucionar el problema, aunque para comprender el miedo necesite de alguien que lo ayude. ¿Estás de acuerdo?

— Por ahora sí. Vamos a continuar… Estoy cada vez más curioso.

— El sabio, cuando recibe un insulto o es maltratado, sabe responder sin perder la cabeza. No grita, ni insulta, da aquella buena respuesta que deja al ofensor sin palabras, avergonzado por haber hecho tonterías. Su vida es complicada. Enfrenta muchos ratones y hasta cosas peores. Pero el sabio reacciona con tranquilidad frente a una mala situación, busca siempre la mejor salida para las situaciones difíciles. ¿Conoces aquellos jueguitos inteligentes que cuando aprendes a jugar bien porque pensaste y encontraste la mejor estrategia, sales victorioso, o, si pierdes es por algún pequeño detalle? El sabio hace lo mismo. Él encuentra siempre una manera de vencer los obstáculos o enfrentarlos del modo más inteligente posible. Así, evita el conflicto, pone fin con tranquilidad a las situaciones desagradables. ¿Es así cuando tú juegas y logras vencer, verdad?

— Cuando juego, hay días en que, cuando pierdo, ¡armo un gran berrinche! Pero cuando gano la batalla, me pongo muy feliz. Volviendo… ¿Quiere decir que no hay relación entre leer muchos libros y ser sabio? ¿No sirve de nada leer? La escuela lo exige y lo convierte en una obligación. No me gusta. Pero hay libros que me hacen viajar con los ojos abiertos. ¿Es fundamental leer muchos libros? ¿Ellos me darán sabiduría?

— Leer un montón de libros no quiere decir que te hará capaz de actuar de manera sensata o inteligente al depararte con una dificultad. ¿Tú conoces alguien que leyó varios libros y en situaciones complicadas actúa con tranquilidad? ¡Intenta acordarte de alguien! Esa persona, sin duda, busca usar lo que aprendió. También debes conocer una persona que, aunque no haya leído un montón de libros, consigue manejarse superbien en situaciones difíciles, dando respuestas muy buenas e inteligentes. Eso es por que la persona supo aprender de lo poco que leyó. Esa es la diferencia entre conocer las cosas y saber realmente de las cosas.

— Conozco. Tengo un amigo en el barrio, mi vecino, que no frecuenta la escuela, pero dice unas frases inteligentes. Creo que debería frecuentarla. También tengo amigos que no les gusta leer. ¡Lo consideran aburrido! ¡Pelean mucho! creen que es una pérdida de tiempo. Pero a mí me gusta leer...

— Lamentablemente, hoy la nueva moda es presumir de uno mismo. Tú ya debes haber visto niños y niñas diciendo: No te metas conmigo porque me pongo como una bestia. Deben creer que eso es lo máximo. ¡No es así! Convertirse en una bestia es algo muy fácil. Lo difícil es convertirse en gente. Bestia rebuzna, grita y muerde. Y eso es fácil de hacer. El ratón lo hace. ¿No te da ganas de explicarles eso? Lo que más vemos son bestias por ahí. Ser una persona inteligente, con buenas respuestas, que resuelve las cosas sin exaltarse, sin herirse o sin herir a alguien, poca gente lo consigue. Te apuesto que tú ya viste el dibujo de aquel considerado uno de los más sabios de la historia mundial: Leonardo Da Vinci. Él era genial. En-

contraba soluciones para todas las situaciones. Y no era cualquier solución, era siempre la mejor de todas. No perdía la calma, siempre gentil, mas, si precisaba ser duro con alguien, era firme, sin ser rudo, sin gritar, insultar o ser violento. Gastaba su tiempo libre creando cosas. Usaba toda su inteligencia y concentración para desarrollar proyectos y creaciones que pudieran ayudar a las personas. Él daba lo mejor de sí en todo lo que hacía. Y ese es el gran consejo de este viaje. Debemos usar todo lo que aprendemos para ser buenas personas, que hacen buenas acciones, porque gente de verdad es lo que el mundo más necesita. Hay mucha gente convirtiéndose en bestias, dejando de ser gente.

— ¿Y por dónde empezar? Quiero ser mejor.

— ¿Tú te has puesto a pensar en nuestra alimentación? Funciona más o menos así: cuando comemos, el cuerpo elimina todo lo que no necesita. Pero, lo que es importante para la salud, el cuerpo lo aprovecha. Con los libros es también así. Las personas leen diversos libros y sólo retienen lo que aprenden de verdad. Si tenemos mucha información y no sabemos utilizarla, la mente se olvida y ellas se pierden.

— A veces, yo estudio y no me acuerdo del tema a la hora de la prueba. ¿No estudié bien? ¿Es eso? ¿Qué opinas?

— Necesitas estudiar con atención y concentrarte para aprender el tema, Elías. Leonardo Da Vinci, que era un hombre fuera de lo común, aprovechaba su mente al máximo utilizando todo lo que aprendía (y lógicamente su talento) para dibujar, pintar sus famosos cuadros, como La Última Cena y la Mona Lisa; hacer escultura, escribir poemas, músicas. Era creativo e innovador (sus inventos ayudaron a la sociedad de la época). También era defensor de los animales, admirador de la naturaleza. Por eso, hasta hoy, es muy estimado y respetado por sus trabajos y

actitudes. ¿Estás de acuerdo con que él es una buena referencia para aprovechar lo que estudiamos y desarrollar nuestras habilidades y talentos?

— Voy a leer sobre Leonardo Da Vinci. Me quedé entusiasmado. Parece que fue un tipo especial. Ya había oído algunas personas conversando sobre su arte, su inteligencia.

— En Egipto, ellos decían que quien sabía responder a las cosas con inteligencia y tranquilidad era un sabio. Salía de todas las situaciones de conflicto que él enfrentaba con calma, sin estrés. ¡Ese es el sabio! Él es diferente y es fácil reconocerlo por los caminos de la vida. En Egipto, hace muchos y muchos años, existía numerosa gente así como Da Vinci.

— ¿Y cómo puedo conocerlo? Quiero hacer ese viaje venciendo los miedos y con la verdad.

— Pues entonces, imagina y haz de cuenta, ahora, que estás en Egipto. ¿Conoces Egipto? Algunos ya estudiaron este tema en la escuela. Para los que no conocen, Egipto queda en el continente africano y es un país que tuvo muchos sabios. Allá habían diversas personas que se preocupaban por las demás porque querían que ellas no sólo tuvieran muchas cosas, sino también que supieran usarlas en su vida diaria. Yo soy una de ellas, Viví hace más o menos dos mil años antes de Cristo. En este viaje estoy contigo. Tengo un objetivo primordial: explicar EL KYBALIÓN, pues yo escribí este libro reuniendo mis experiencias de observación de la naturaleza y de los consejos de los egipcios. Preparé un diario para orientarnos en nuestro viaje y hacer que tengamos la mejor experiencia de todas. ¡Vamos! Vamos a expandir nuestra imaginación. ¡Tú harás un gran viaje! Primero quiero dejarte algo en claro, mi compañero de viaje, que mi nombre está lleno de significados.

— ¿Y qué significa? Yo sé de dónde viene mi nombre: es de un profeta. ¡Quien me contó fue mi padre!

— "Hermes" quiere decir "cerrado", e "Trismegisto" significa "tres veces grande". Yo era considerado la persona más sabia de la época, digo esto con humildad. De observar y reflexionar, aprendí a tener respuestas para todo lo que sucedía y percibí la belleza de lo que es vivir. Sólo pensaba en hacer cosas buenas. Quería que las personas estuvieran siempre alegres, creía que ciertas leyes servían para todo: problemas grandes o pequeños, situaciones de conflicto aquí o en cualquier lugar del mundo. Para comprender y guiar la vida, escribí El KYBALIÓN y en él están escritas las siete leyes que explican el funcionamiento del Universo. Esas leyes rigen nuestro comportamiento.

— ¡Ajá! ¡Muy bien! ¿Y cuáles son esas leyes y en qué pueden ayudarme?

— Hablemos, entonces, sobre las siete leyes que serán fundamentales para que el viaje de tu vida sea tranquilo y feliz. Ellas te ayudarán en diversas situaciones, hasta en aquellas en que tú no imaginas. Van a ayudarte a relacionarte con los amigos, en la escuela, en casa, en prácticamente todos los momentos de tu día. Estoy seguro de que vas a quedar encantado con el poder de ese aprendizaje y con los nuevos caminos que se abrirán.

— ¿Y haré ese viaje solo? Me gusta estar acompañado para hacer cualquier viaje. ¡Se hace más especial! ¿Tú vienes conmigo, verdad Hermes?

— En este, voy contigo, Elias. Pero después irás solo. Quédate tranquilo, pues en tu mochila encontrarás EL KYBALIÓN con las enseñanzas que voy a darte. Ahora pasa lo siguiente: tienes que guardar las leyes aprendidas con mucho cariño en tu mochila, la que cargarás durante toda tu vida. No puedes separarte de ella, porque la aventura es larga. Y si aplicas las siete leyes, ella será fantástica. ¿Preparado para ser una persona tranquila, feliz y aún así ayudar a otros a ser felices? ¿Quieres marcar la diferencia en el mundo? Entonces, llegó la hora: la aventura va a comenzar.

— ¡Vamos! Tengo muchas ganas de hacer el viaje contigo, Hermes; ¡al fin y al cabo eres un sabio! Quiero aprender sobre las leyes. ¿Cuál dijiste que es la primera ley?

1.
Mentalismo

— La primera enseñanza está en la **LEY DEL MENTALISMO**.

— ¿Qué debo saber?

— Recuerda que todo comienza en nuestra mente. Si vamos a hacer cualquier cosa, la gente piensa y después lo hace. Por ejemplo, cuando vas a dibujar, jugar videojuegos, ver televisión, jugar fútbol, hablar por celular, bailar, tú no haces eso sin antes pensar. Hasta lo que está mal, tú piensas antes de hacerlo. ¿Tú acostumbras pensar antes de hacer alguna acción?

— ¿Pensar antes de hacerlo? Sí, ¡pero a veces actúo sin pensar!

— Entonces, las personas piensan antes de hacer cosas malas. Podrían no hacerlo, si pensaran mejor y tomaran la decisión de hacer el bien. El resultado sería diferente. Por lo tanto es necesario que prestemos atención a nuestros pensamientos. Si la gente siempre reflexionara sobre qué es correcto hacer, evitaríamos traer sufrimiento a las personas y no habría tantas cosas malas por ahí. El mal, así como el bien, nace en la cabeza de alguien antes de ser hecho. Pero él puede ser evitado. Mi lógica es la siguiente: presta atención en lo que piensas para evitar equivocarte sin necesidad, ya hay demasiadas personas haciendo tonterías en el mundo. ¿Tú sabes cual es tu misión en la tierra?

— No sé... Y ahora, Hermes, ¿puedes ayudarme?

— ¿Difícil saberlo, no? Pero una cosa es cierta: si hacemos cosas buenas e intentamos ayudarnos unos a otros, vamos por buen camino. Y poco a poco, la gente contribuye para que el mundo mejore. Debemos alejar de nosotros los malos pensamientos. Pensamientos buenos son los que necesitamos para vivir bien junto a los amigos, la familia y de todos con quienes nos relacionamos. La idea es hacer del mundo un lugar especial para vivir. Si esa es toda nuestra misión en la Tierra, no lo sabemos, pero sin duda, es parte esencial de ella. Entonces, vale la pena llevar esa primera ley para toda la vida.

2.
Correspondencia

— **CORRESPONDENCIA** es la segunda ley para colocar en nuestra mochila de la vida. Resalto que la misma ley sirve para ser aplicada en cosas grandes y pequeñas, en situaciones diversas. Digo que es una ley que puede servir para entender tanto los planetas en el espacio como también los granitos de arena. Te daré un ejemplo.

— Explica, Hermes, tal vez consiga comprender.

— Presta atención: al salir de casa, tu miras para el jardín y ves un montón de plantas diferentes juntas, igual que en la Amazonía (en el norte de Brasil), donde está el mayor número de plantas diferentes del mundo. ¿Sabes como se llama eso? Biodiversidad. Y esas plantas conviven tan bien que la gente ni percibe todas las diferencias. Forman un lindo jardín, un lindo bosque.

— Es verdad. La naturaleza tiene mucha belleza.

— Después de atravesar el jardín, vas para tus clases con muchos compañeros diferentes. En vez de reclamar de algún compañero, si tú intentaras

imitar a las plantas y aceptaras convivir con ellos, cada uno con sus diferencias, ¿la vida no sería mejor? Aceptar a tus padres, hermanos, profesores, en fin, todos con quienes convives, exactamente como ellos son, no haría la convivencia más fácil? Sería lo ideal, ¿no crees?

— Estoy de acuerdo. Aceptar a los otros como ellos son es difícil, pero, como tú dices, es posible, Hermes.

— En la naturaleza, ya vimos que sí funciona. Si la Amazonía tuviese apenas un tipo de planta, no sería un bosque tan bello. De la misma manera, si todas las personas fueran iguales a ti, sería aburrido. Aprendemos mucho con las diferencias.

— Eso es cierto. Yo soy muy diferente de mi hermano, nosotros discutimos, pero aprendo mucho con él. Es el hermano mayor.

— Otra cosa que destaco es como debemos enfrentar situaciones que nos dejan desanimados, tristes. Compara nuevamente nuestra vida con la naturaleza. El ejemplo es el siguiente: el invierno deja a la naturaleza molesta, pues las hojas caen y los árboles quedan sin vida. Pero en cambio, cuan-

do la primavera llega, la naturaleza renace con hojas y flores nuevas. Todo queda alegre y colorido otra vez.

— Entonces, ¿somos como la naturaleza?

— Es bueno comprenderlo. Por ejemplo, las flores no reclaman del invierno porque saben que vendrá la primavera y florecerán otra vez. Y así debe ser la vida. No debemos aferrarnos a una situación o a alguien que nos molestó. Quedar triste, cabizbajo, encogido en una esquina no ayuda en nada. Si la naturaleza se renueva, nosotros también podemos.

— Hay días en que nada sale bien. ¿No es así?

— Te caíste, ¡levántate! Y levántate con energía, confiando en que el golpe que te diste sirvió para enseñarte a crecer. Aprende con la naturaleza a superar las dificultades con calma. Busca sacar lecciones de las caídas, de las experiencias desagradables. Esa actitud va a fortalecerte. Y aún hay más: enfrentarás con más facilidad los próximos problemas que surjan.

— Eso es genial. Hay momentos en que necesito ayuda. En otros yo puedo resolverlo. Voy a intentar recordar tu consejo.

— Aprende que siempre habrá una primavera viniendo a tu vida y que, si usas la **LEY DE LA CO-RRESPONDENCIA**, conseguirás encontrar las mejores soluciones. Y, a lo largo del camino de la vida, quédate de ojos bien abiertos para no dejar pasar consejos valiosos que van a ayudarte a tomar decisiones sabias. El sabio siempre saca una lección de situaciones buenas y malas. Si algo sucede, él analiza, verifica las opciones y encuentra una solución inteligente.

— Entonces es así que tú actúas. Pienso que comprendí lo que es ser sabio.

3.
Vibración

— La tercera ley es de la **VIBRACIÓN**. Es otro buen consejo. ¿Tú ya percibiste que algunas personas, al oír una música específica, vibran y se ponen muy alegres? De pronto, cuando oyes la música, prestas atención en la letra — que, además de tener groserías, no dice nada con sentido — , no entiendes la emoción de aquellas personas. Es muy probable que esas personas reproduzcan las palabras usadas en la música en su día a día, convirtiéndose en individuos desagradables y groseros. En cambio quien vibra con aquella música que presenta una letra bonita, cuando vaya a utilizar lo que aprendió con lo que oyó, realmente sorprenderá.

— ¡Es verdad! Me gusta oír música. Hay unas letras que son tontas y otras con las cuales vibro mucho. Hasta presto atención.

— Lo que estoy intentando decir es que, cuando nosotros vibramos con cualquier cosa, esa vibración nos moldea, como hacemos con una masa de modelar. Entonces, es admirable vibrar con cosas geniales y divertidas y llevar esa vibración para nuestra vida. Por otro lado, de las vibraciones malas debemos alejarnos. Así no reproduciremos aquello que puede convertir nuestras actitudes en desagradables. Leonardo Da Vinci, a los siete años, ya vibraba al mirar las plantas y observar a los animales. Quería entender la naturaleza. Estaba feliz con esa vibración. Mi consejo es simple: cuidado con lo que te hace vibrar. Observa y escoge tus vibraciones.

— Está bien. Voy a prestar más atención.

4.
Polaridad

— **POLARIDAD** es la cuarta ley que he establecido. Presta mucha atención en este ejemplo: tú quieres tomar chocolate caliente y calientas la bebida. Ya en otro momento, quieres tomar chocolate frío y esperas enfriar. Sí, puedes tomar la misma bebida fría o caliente. Del mismo modo, puedes construir una torre alta o baja y hacer una almohada más blanda o dura, dependiendo del material a usar. ¿Te diste cuenta cómo las cosas pueden cambiar de un polo para otro? Por eso, se llama **LEY DE LA POLARIDAD**.

— ¡Polaridad! A veces, tengo pereza de hacer los deberes, y en otras, disfruto con la tarea escolar. Depende. Pero quiero conocer el camino.

— Si eres perezoso y quieres ser alguien activo, basta querer. Si quieres jugar fútbol, pero nunca fuiste a una clase, comienza a ir que vas a aprender. A ti no te gusta un amigo de la escuela porque él está siempre serio y casi no habla. ¿Será que él es tímido? Entonces tú le haces la conversación, el niño

responde, ustedes se dan cuenta que tienen mucho en común y se hacen amigos. ¿Qué sucedió? Tú pasaste a gustar de alguien que no te gustaba.

— ¡Es verdad! Tengo un compañero de la escuela y de juegos y fue así como nos conocimos. ¡Hoy es mi mejor amigo!

— Así como en esos ejemplos, tú puedes cambiar todas las cosas malas de tu vida y pasar para el otro polo. Puedes ir del odio para el amor, de la enemistad para la amistad, de la tristeza para la alegría. Todo puede ser cambiado. El cambio sólo depende de nosotros. Yo siempre decía que nada del mundo puede impedir a una persona llegar al otro polo. Sólo se necesita ser perseverante, determinado y tener garra.

— Me gustó. Quiere decir que puedo cambiar la vida e ir para adelante.

— ¿Tu mochila todavía tiene espacio?

— Sí tiene, Hermes.

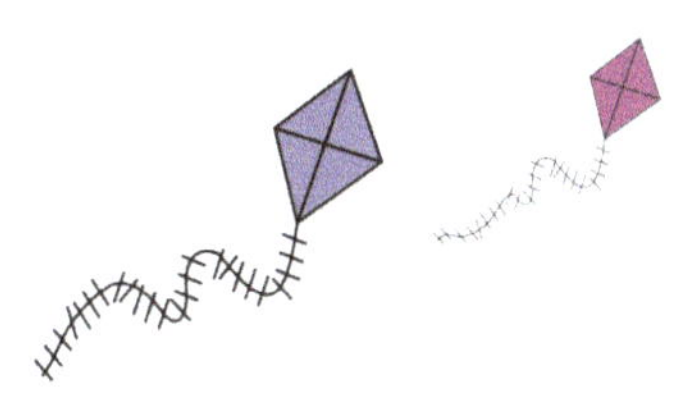

5.
Ritmo

— La quinta ley, la del **RITMO**, no puede faltar. Deja fluir la imaginación para funcionar y piensa en un péndulo que va de allá para acá, para allá y para acá. Para que se balancee más rápido, debemos darle un empujón y él va más lejos de un lado y después más lejos del otro lado. Eso ocurre también en la vida. Tu escuela programa una prueba para dentro de 20 días, y tú estudias sólo en la víspera de que ocurra. Pasas la noche estudiando, duermes mal y sólo unos minutos, comes mal, porque hay muchos temas para estudiar. ¿Qué sucedió? Te fuiste al extremo. ¿Podría ser diferente y más tranquilo? Sí, si tú hubieras estudiado todos los días un poquito, el péndulo que acabamos de hablar no iría a los extremos. Él quedaría en el medio, balanceando al mismo ritmo.

— ¡Vaya! ¡Buen consejo! Voy a intentar hacerlo.

— Lo mismo sucede cuando convidas a los amigos a jugar y te vas a dormir dejando todo el cuarto desordenado. Al día siguiente, tienes que ordenarlo solito y gastas un tiempo enorme. ¿No sería mejor haber ordenado el cuarto con tus amigos antes de ellos irse? Así, tú no necesitarías quedarte horas solito arreglando todo el desorden del día anterior. El péndulo estaría al medio, equilibrado.

— ¡Excelente! Hago mucho desorden en verdad. El trabajo es ordenar después.

— El asunto es no empujar demasiado el péndulo para un lado. Si haces eso, cuando él regrese, se irá para el otro extremo, y tú no vas a querer eso. Mantener las cosas más equilibradas es la mejor opción. ¿Ya pensaste en eso? Si no, comienza a buscar equilibrio y verás como vas a tener tiempo de sobra y menos estrés.

— Me estreso cuando hay examen, juego de campeonato de la escuela, Voy a intentar hacerlo mejor.

Y además hay un *tip* basándonos en esta ley, que se llama **NEUTRALIZACIÓN**. ¡Presta atención! Imagina que dos de tus compañeros están peleando porque uno quiere llamar más atención que el otro, quiere ser el más popular, quiere ser el líder. ¿Cómo es que tú harás para que esos dos compañeros dejen de pelear? Puede parecer boba esta historia, ¿más sabías que muchas de las peleas en el mundo son de esa manera, por causa de tonterías? Eso sucede entre amigos, familiares, gobernantes, comunidades, países.

— ¡Existen peleas tontas realmente! Podrían ser evitadas. ¿Y cómo debo actuar, Hermes?

— En el caso de tus amigos, tienes dos opciones: mostrar a los dos que no vale la pena pelear y perder la amistad, o entrar en la pelea con ellos. La primera opción, es sin duda alguna, la mejor: o sea, neutralizar el incidente. Hermes diría a tus amigos: esta pelea no tiene sentido, en vez de ustedes perder el tiempo con cosas innecesarias, aprovechen las cosas buenas de la vida.

— ¡Genial! ¡Muy bien!

— Por eso, no debes aferrarte a tonterías, pero sí desear cosas estupendas para ayudar a quien vive a tu alrededor y a la humanidad. Tú eres inteligente, ciertamente vas a mostrarle a ellos que aquel desentendimiento es sin importancia, vas a neutralizar. ¿Te gustó este *tip* de la **LEY DEL RITMO**? Estoy seguro que verás muchas peleas y tendrás la oportunidad de poner esta lección en práctica.

6.
Causa y Efecto

— La sexta ley es la de **CAUSA Y EFECTO**. ¿Ya te has preguntado alguna vez por qué algo sucedió contigo? La respuesta es simple: porque tú hiciste alguna cosa para provocar ese acontecimiento.

— ¿Quiere decir que todo lo que yo hago vuelve? Explícame, Hermes.

— Si tú siembras una planta de frijol, nace una planta de frijol. Si quieres fresas, planta fresas. Lo mismo sucede en tu vida. Si tú tratas bien a tus compañeros, ellos estarán siempre de tu lado. Ahora, si tratas a un compañero con desprecio, no lo dejas ser parte de tu grupo en la escuela, por ejemplo, tú estás plantando algo malo. Él, puede transformarse en una persona triste, tal vez violenta, y tú tendrías parte de responsabilidad en eso. Entonces, es mejor estar atento a las actitudes para plantar el bien y tener una cosecha feliz.

— ¡Me gustó mucho esa ley! Saber que podemos tener una vida buena si hacemos el bien, ¡si somos justos! ¿No es verdad?

— Entonces, así funciona: todo lo que hacemos tiene causa y efecto. Ahora, si no te gusta lo que está naciendo en tu vida, planta diferente. Lo que plantamos hoy, lo cosechamos mañana. Reclamar de las cosas malas que te suceden no te lleva a nada. Es necesario descubrir cuál semilla plantaste errado, para corregirlo y hacer que nazca algo que sea mejor.

7.
Género

— El último consejo, también muy importante, es la **LEY DEL GÉNERO**. Este concepto de género, aquí en este libro, no quiere decir sexo masculino o feminino, pero sí la unión de dos o más cosas diferentes para producir lo nuevo. Entonces, cuando las personas se unen y hacen alguna cosa diferente, en mi opinión, es género. Por ejemplo, tú tienes una idea y sigues pensando en ella varios días. Lo siguiente es ir y construir ese objeto, inventas algo, un dibujo bien bonito, escribes un texto agradable, sea lo que sea, de acuerdo con tu interés. La ley te muestra que, combinando cosas, nacen ideas, nacen creaciones, productos de trabajo, y muestra hasta qué punto nosotros los humanos, somos el resultado de la combinación de un hombre y una mujer, que son personas diferentes.

— Estoy comenzando a entender. ¡Está bien interesante!

— Por ejemplo, al mezclar agua caliente con fría durante el baño, el agua queda tibia. De la misma manera, cuando dos personas diferentes se juntan,

el resultado puede ser maravilloso: en un grupo musical, en un equipo de fútbol, en la presentación de una danza, en la producción de un libro original, en la creación de un instrumento tecnológico de gran utilidad para las personas, como un celular o carro… Claro que la combinación puede ser mala también. Dos o más personas pueden unirse para engañar a otros, robar, hacer cosas erradas que generan perjuicios a ellos y a los otros. Existe, entonces, el lado bueno y el malo. Lo importante es saber que, cuando dos o más cosas diferentes se juntan y generan algún evento nuevo y de preferencia bueno, tenemos la **LEY DEL GÉNERO**.

— Es bueno saberlo, quedar más atento, ¡Ni pensaba en eso!

— Entonces, si juntamos una buena persona con otra mala, podemos tener dos resultados: o la buena convence a la otra para ser buena, o la persona mala convence a aquella que es buena a hacer cosas malas. Por eso, es necesario tener conciencia de la importancia del bien, para que nadie te convenza de lo contrario. Quien valoriza el bien no se deja llevar por el mal, no se influencia por las cosas erradas. Y aún inclusive: nadie nunca va a hundirte hacia aba-

jo. Tú eres quien vas a impulsar a las personas para arriba, con pequeñas y grandes actitudes.

— Tengo un compañero en la escuela que es así. Sólo hace el bien a otros. Pero muchos no entienden. Hasta se burlan de él a veces.

— Quiero advertirte de algo que puede suceder: una persona lanza una idea en tu cabeza y te quedas trabajando aquella idea creyendo que es tuya. Un día, actúas de una manera que no tiene que ver contigo, porque no te diste cuenta que aquella idea no era tuya.

— ¿Y de qué formas eso puede suceder?

— No sólo las personas pueden influenciarnos, también la publicidad, películas, etc. Entonces, ¡quédate atento para no ser manipulado! Siempre observa si las ideas que tienes son realmente tuyas, si fuiste tú quien las construyó. Puedo arriesgarme a decir, y creo que concuerdas conmigo, que hay muchas personas, adultos inclusive, que hacen cosas por causas de ideas que no son de ellos: viven sufriendo, tomando decisiones erradas, arrepintiéndose de lo que dijeron (que no era lo que pensaban), en fin, cometiendo error tras error. Estoy seguro, que ellos no recibieron una mochila repleta de in-

formaciones como la tuya, para tener la mejor vida posible. En cambio tú, que tienes las anotaciones de las siete leyes, harás un viaje lindo e inolvidable. La guía de viajes va siendo construída a lo largo de los años, pero los consejos más valiosos del mundo ya están contigo.

— Que bueno saberlo. Me va a dar trabajo, pero parece que vale la pena.

— Te explico inclusive que, si tú decides vivir de acuerdo a las buenas ideas de personas bien intencionadas, por concordar con lo que ellas piensan, no hay ningún problema. Fuiste tú, con todas las informaciones que posees, que encontraste válido conocerlas y repetirlas. Quien conoce a Leonardo Da Vinci, probablemente, va a inspirarse en su obra. Además de ser una buena persona, era creativo y muy dedicado a lo que hacía. Tuvo grandes ideas. Aprovechar eso es un gran aprendizaje.

— ¡Voy a estar atento, Hermes!

— Otra cosa que recomiendo es aprender de verdad, no sólo para hacer la prueba. Quien comprende bien lo que estudia, utilizará las enseñanzas en varios momentos de la vida, siempre que sea necesario. Hará igual a los sabios. Y ahora te pregunto:

¿te gustó esta aventura? ¿Vas a usar tu mochila? Las siete leyes van a ayudarte a abrir muchas puertas en la vida y a hacer de ti una persona especial: ingeniosa, inteligente comprometida en hacer tu parte para mejorar el mundo.

— Voy a esforzarme, Hermes. Soy terco y curioso.

— En fin, era eso lo que yo quería compartir contigo, lo que escribí en EL KYBALIÓN. Existe una escuela, llamada Nueva Acrópolis, que enseña Filosofía para personas de tu edad y hasta más jóvenes. La Filosofía es para aprender a vivir, y no para hacer la prueba, Así, con las orientaciones de los sabios filósofos, podemos mejorar relaciones y nuestra mirada en relación a la vida.

— ¿Nueva Acrópolis? ¿Filosofía? ¡Vaya, debe ser bien diferente!

— Necesito revelarte un secreto: tu viaje comenzó el día en que naciste, pero a partir de ahora, conociendo las leyes de la naturaleza y dialogando sobre ellas, tu vida va a cambiar un poco de dirección y verás todo de forma más clara y profunda. Solo mira para al frente y ve. Como cantó el poeta: "Un niño camina, y caminando llega al muro, y allí enseguida, esperándonos, el futuro está".

— Siento mi corazón latir más fuerte con tus palabras. Para donde yo vaya, cargaré la mochila, llevaré tus palabras, el conocimiento de las leyes de la naturaleza.

fin

Sobre las ilustraciones:

Las ilustraciones de esta obra fueron basadas en dibujos realizados por niños del IPEARTE - Instituto Paraense de Educación y Arte.

El IPEARTE tiene como misión despertar, por intermedio del arte, la sensibilidad y la percepción de lo bello, desarrollando la creatividad en todas sus dimensiones, por medio de la música, teatro, danza, pintura, poesía y artesanía.

Con actividades en el área de educación, de la cultura y del arte, el Instituto atiende niños de 7 a 14 años que estén cursando escuela regular y sean moradores del barrio Nuevo Horizonte, en Marituba (estado de Pará).

El IPEARTE tiene convenio con la organización Nueva Acrópolis de Brasil, de la cual la autora de este libro, Lúcia Helena Galvão, es profesora de filosofía desde hace más de 30 años.

Más sobre el IPEARTE puede ser visto en el sitio:

www.ipearte.com.br

Sobre Nueva Acrópolis (de Brasil y en español):

www.acropole.org.br

www.acropolis.org/es

Abajo los diseños originales de los niños del IPEARTE, con los debidos créditos. A ellos, nuestros agradecimientos.

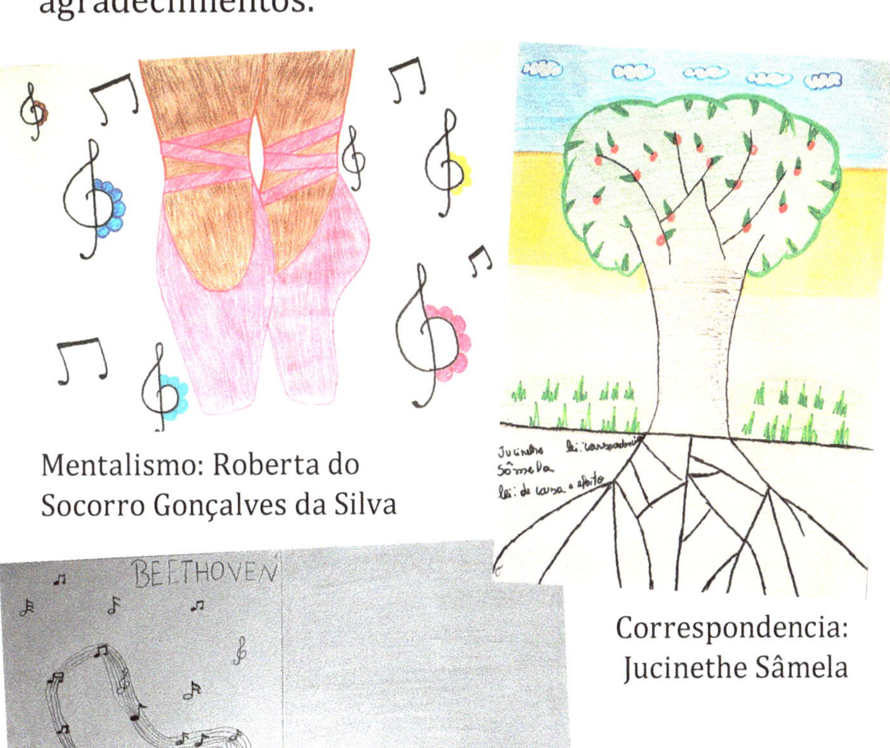

Mentalismo: Roberta do Socorro Gonçalves da Silva

Correspondencia: Jucinethe Sâmela

Vibración: Nahuana Oliveira Correia

Polaridad: Samuel Corrêa Oliveira

Ritmo: Sâmela Trindade

Causa y efecto: Samilly Trindade

Leonardo Da Vinci: Samilly Trindade

Monalisa: Daniel de Seixas da Cruz

Género: Samilly Trindade